50 Recetas Deliciosas y Livianas para una Vida Baja en Carbohidratos

Por: Kelly Johnson

Table of Contents

- Ensalada de aguacate y pollo
- Tortilla de espinacas y queso feta
- Salmón al horno con limón y eneldo
- Espaguetis de calabacín con salsa pesto
- Huevos rellenos con aguacate
- Ensalada caprese con reducción de balsámico
- Pollo al curry con leche de coco
- Rollitos de lechuga con carne molida y verduras
- Tacos de lechuga con camarones
- Sopa de calabaza y jengibre
- Brochetas de pollo con verduras
- Ensalada de atún con mayonesa de aguacate
- Omelette de champiñones y queso
- Chuletas de cerdo con coliflor al vapor
- Ensalada griega con aceitunas y pepino
- Pizza con base de coliflor
- Filete de res a la parrilla con espárragos

- Ensalada de pollo al limón con almendras
- Rollos de pepino con salmón ahumado
- Frittata de verduras y queso
- Sopa de brócoli con crema
- Albóndigas de pavo con salsa de tomate baja en azúcar
- Ensalada de camarones con aguacate
- Pollo al ajillo con judías verdes
- Hamburguesas sin pan con ensalada
- Guacamole con bastones de apio
- Ensalada de col rizada con nueces y queso de cabra
- Salmón a la plancha con puré de coliflor
- Tortilla española sin patata, con calabacín
- Pechuga de pollo rellena de espinacas y queso
- Sopa miso con tofu y algas
- Ensalada de huevo con espárragos
- Camarones al ajillo con ensalada verde
- Rollitos de jamón serrano con queso crema
- Ensalada de pepino y eneldo con yogur griego
- Pollo al horno con romero y limón

- Pimientos rellenos de carne y verduras
- Salteado de ternera con brócoli
- Ensalada César sin crutones
- Omelette de queso de cabra y tomate seco
- Sopa fría de aguacate y pepino
- Albóndigas de carne con espaguetis de calabacín
- Ensalada de rúcula, pera y nueces
- Filete de pescado con salsa de mantequilla y limón
- Ensalada de coliflor al curry
- Pollo tikka masala bajo en carbohidratos
- Huevos pochados sobre espinacas salteadas
- Ensalada de remolacha y queso azul
- Crema de champiñones baja en carbohidratos
- Rollos de berenjena con ricotta y espinacas

Ensalada de aguacate y pollo

Ingredientes:

- 2 pechugas de pollo cocidas y desmenuzadas
- 2 aguacates maduros, cortados en cubos
- 1 tomate grande picado
- 1/4 de cebolla morada picada
- Jugo de 1 limón
- Sal y pimienta al gusto
- Cilantro fresco picado (opcional)

Preparación:

1. En un bol mezcla el pollo, aguacate, tomate y cebolla.
2. Añade el jugo de limón, sal y pimienta.
3. Mezcla suavemente para no deshacer el aguacate.
4. Decora con cilantro fresco y sirve fría.

Tortilla de espinacas y queso feta

Ingredientes:

- 4 huevos
- 1 taza de espinacas frescas picadas
- 100 g de queso feta desmenuzado
- 1/4 de cebolla picada
- Sal y pimienta al gusto
- Aceite de oliva

Preparación:

1. Bate los huevos con sal y pimienta.
2. En una sartén con aceite, sofríe la cebolla y las espinacas hasta que se marchiten.
3. Vierte los huevos y agrega el queso feta.
4. Cocina a fuego medio hasta que esté firme.
5. Voltea la tortilla para cocinar ambos lados.

Salmón al horno con limón y eneldo

Ingredientes:

- 4 filetes de salmón
- 1 limón en rodajas
- 2 cucharadas de eneldo fresco picado
- Sal y pimienta
- Aceite de oliva

Preparación:

1. Precalienta el horno a 200 °C.
2. Coloca los filetes en una bandeja para hornear.
3. Salpimienta y coloca rodajas de limón encima.
4. Espolvorea el eneldo y rocía con aceite de oliva.
5. Hornea por 15-20 minutos o hasta que el salmón esté cocido.

Espaguetis de calabacín con salsa pesto

Ingredientes:

- 3 calabacines grandes
- 1 taza de pesto (puedes usar comprado o casero)
- Queso parmesano rallado para servir
- Sal y pimienta al gusto

Preparación:

1. Corta los calabacines en tiras finas tipo espagueti con un espiralizador o pelador.
2. Saltea los espaguetis de calabacín en una sartén con un poco de aceite durante 2-3 minutos.
3. Mezcla con el pesto, salpimienta y sirve con queso parmesano.

Huevos rellenos con aguacate

Ingredientes:

- 6 huevos duros
- 1 aguacate maduro
- Jugo de limón
- Sal y pimienta
- Pimentón dulce para decorar

Preparación:

1. Corta los huevos por la mitad y saca las yemas.
2. En un bol, machaca el aguacate con las yemas, jugo de limón, sal y pimienta.
3. Rellena las claras con esta mezcla.
4. Decora con pimentón dulce y sirve.

Ensalada caprese con reducción de balsámico

Ingredientes:

- Tomates maduros en rodajas
- Queso mozzarella fresco en rodajas
- Hojas de albahaca fresca
- Vinagre balsámico
- Azúcar (opcional)
- Aceite de oliva
- Sal y pimienta

Preparación:

1. Coloca en un plato alternando rodajas de tomate y mozzarella, intercalando hojas de albahaca.
2. En una olla pequeña, cocina vinagre balsámico con un poco de azúcar a fuego bajo hasta que se reduzca y espese.
3. Rocía la reducción sobre la ensalada.
4. Añade aceite de oliva, sal y pimienta al gusto.

Pollo al curry con leche de coco

Ingredientes:

- 500 g de pechuga de pollo en cubos
- 1 cebolla picada
- 2 dientes de ajo picados
- 1 cucharada de pasta de curry (rojo o amarillo)
- 400 ml de leche de coco
- Aceite para cocinar
- Sal y pimienta
- Cilantro para decorar

Preparación:

1. Sofríe la cebolla y ajo en aceite hasta dorar.
2. Añade el pollo y cocina hasta que esté sellado.
3. Incorpora la pasta de curry y mezcla bien.
4. Vierte la leche de coco y cocina a fuego lento 15-20 minutos.
5. Ajusta sal y pimienta.
6. Decora con cilantro y sirve con arroz.

Rollitos de lechuga con carne molida y verduras

Ingredientes:

- 300 g de carne molida
- 1 zanahoria rallada
- 1 pimiento picado
- 1 cebolla pequeña picada
- 2 dientes de ajo picados
- Hojas grandes de lechuga (lechuga romana o iceberg)
- Salsa de soja o tamari
- Aceite para cocinar
- Sal y pimienta

Preparación:

1. Sofríe cebolla, ajo, zanahoria y pimiento en aceite.
2. Añade la carne, cocina hasta que esté dorada.
3. Agrega salsa de soja, sal y pimienta. Cocina 5 minutos más.
4. Rellena las hojas de lechuga con la mezcla y sirve.

Tacos de lechuga con camarones

Ingredientes:

- 300 g de camarones pelados y desvenados
- 1 cucharadita de paprika
- 1 diente de ajo picado
- Jugo de 1 limón
- Hojas de lechuga para usar como "tortilla"
- Sal y pimienta
- Aceite para cocinar
- Cilantro fresco (opcional)

Preparación:

1. Marina los camarones con ajo, paprika, jugo de limón, sal y pimienta.
2. Cocina los camarones en sartén con aceite hasta que estén rosados.
3. Sirve en hojas de lechuga, decora con cilantro.

Sopa de calabaza y jengibre

Ingredientes:

- 500 g de calabaza pelada y en cubos
- 1 cebolla picada
- 1 diente de ajo
- 1 trozo pequeño de jengibre fresco rallado
- 1 litro de caldo de verduras o pollo
- Aceite de oliva
- Sal y pimienta

Preparación:

1. Sofríe cebolla, ajo y jengibre en aceite hasta que estén fragantes.
2. Añade la calabaza y el caldo. Cocina hasta que la calabaza esté blanda.
3. Licúa hasta obtener una crema suave.
4. Ajusta sal y pimienta y sirve caliente.

Brochetas de pollo con verduras

Ingredientes:

- 500 g de pechuga de pollo en cubos
- Pimientos (rojo, verde, amarillo) en trozos
- Cebolla en trozos
- Calabacín en rodajas gruesas
- Aceite de oliva
- Sal, pimienta y especias al gusto (pimentón, comino, orégano)
- Palitos para brochetas

Preparación:

1. Marina el pollo con aceite, sal, pimienta y especias por al menos 30 minutos.
2. Ensarta en los palitos alternando pollo y verduras.
3. Asa en parrilla o sartén hasta que el pollo esté cocido y las verduras tiernas.
4. Sirve caliente.

Ensalada de atún con mayonesa de aguacate

Ingredientes:

- 1 lata de atún escurrido
- 1 aguacate maduro
- Jugo de limón
- 2 cucharadas de yogur natural o mayonesa
- Cebolla morada picada (opcional)
- Sal y pimienta

Preparación:

1. Machaca el aguacate y mezcla con yogur o mayonesa y jugo de limón.
2. Añade el atún y la cebolla.
3. Mezcla bien y ajusta sal y pimienta.
4. Sirve fría.

Omelette de champiñones y queso

Ingredientes:

- 3 huevos
- 100 g de champiñones laminados
- 50 g de queso rallado (puede ser mozzarella, cheddar o feta)
- Sal y pimienta
- Aceite o mantequilla

Preparación:

1. Saltea los champiñones en aceite hasta dorar.
2. Bate los huevos con sal y pimienta.
3. Vierte los huevos en sartén caliente, añade los champiñones y el queso.
4. Cocina hasta que el omelette esté firme y el queso derretido.

Chuletas de cerdo con coliflor al vapor

Ingredientes:

- 4 chuletas de cerdo
- Sal, pimienta y ajo en polvo
- 1 cabeza de coliflor, cortada en ramilletes
- Aceite de oliva

Preparación:

1. Sazona las chuletas con sal, pimienta y ajo en polvo.
2. Cocina a la plancha o sartén hasta que estén doradas y cocidas.
3. Cocina la coliflor al vapor hasta que esté tierna.
4. Sirve las chuletas acompañadas de la coliflor rociada con un poco de aceite de oliva.

Ensalada griega con aceitunas y pepino

Ingredientes:

- Tomates cherry cortados a la mitad
- Pepino en rodajas
- Queso feta en cubos
- Aceitunas negras
- Cebolla roja en rodajas finas
- Aceite de oliva
- Orégano seco
- Sal y pimienta

Preparación:

1. Mezcla todos los ingredientes en un bol.
2. Añade aceite de oliva, sal, pimienta y orégano.
3. Sirve fresca.

Pizza con base de coliflor

Ingredientes:

- 1 coliflor mediana rallada
- 1 huevo
- 100 g de queso mozzarella rallado
- Sal y especias al gusto (orégano, ajo en polvo)
- Salsa de tomate
- Ingredientes para cubrir (queso, vegetales, jamón, etc.)

Preparación:

1. Cocina la coliflor rallada en microondas 5 minutos y escúrrela bien para eliminar humedad.
2. Mezcla con huevo, queso, sal y especias.
3. Forma una base en una bandeja con papel de horno.
4. Hornea a 200 °C por 15 minutos.
5. Agrega salsa y toppings.
6. Hornea otros 10-15 minutos hasta que el queso se derrita.

Filete de res a la parrilla con espárragos

Ingredientes:

- 2 filetes de res
- Espárragos frescos
- Sal, pimienta y ajo en polvo
- Aceite de oliva

Preparación:

1. Sazona los filetes y los espárragos con sal, pimienta y aceite.
2. Asa los filetes a la parrilla al punto deseado.
3. Asa los espárragos hasta que estén tiernos y dorados.
4. Sirve junto.

Ensalada de pollo al limón con almendras

Ingredientes:

- 2 pechugas de pollo cocidas y desmenuzadas
- Jugo y ralladura de 1 limón
- Almendras tostadas
- Lechuga o mezcla de hojas verdes
- Aceite de oliva
- Sal y pimienta

Preparación:

1. Mezcla el pollo con el jugo y ralladura de limón, sal y pimienta.
2. En un plato, coloca la lechuga, el pollo y espolvorea con almendras.
3. Añade un chorrito de aceite y sirve.

Rollos de pepino con salmón ahumado

Ingredientes:

- 1 pepino grande cortado en láminas finas (con pelador o mandolina)
- 150 g de salmón ahumado en tiras
- Queso crema
- Eneldo fresco (opcional)

Preparación:

1. Unta un poco de queso crema en cada lámina de pepino.
2. Coloca una tira de salmón y eneldo.
3. Enrolla con cuidado y sujeta con un palillo si es necesario.
4. Sirve frío.

Frittata de verduras y queso

Ingredientes:

- 6 huevos
- 1 taza de verduras mixtas (pimientos, cebolla, espinacas, champiñones)
- 100 g de queso rallado (cheddar, mozzarella o feta)
- Sal y pimienta
- Aceite de oliva

Preparación:

1. Precalienta el horno a 180 °C.
2. Saltea las verduras en aceite hasta que estén tiernas.
3. Bate los huevos con sal y pimienta, mezcla con las verduras y el queso.
4. Vierte la mezcla en un molde para horno y cocina por 20-25 minutos hasta que esté firme y dorada.

Sopa de brócoli con crema

Ingredientes:

- 500 g de brócoli
- 1 cebolla picada
- 2 dientes de ajo
- 500 ml de caldo de verduras o pollo
- 200 ml de crema o leche evaporada
- Sal y pimienta
- Aceite de oliva

Preparación:

1. Sofríe cebolla y ajo en aceite hasta transparentar.
2. Añade el brócoli y el caldo, cocina hasta que el brócoli esté tierno.
3. Licúa la mezcla y vuelve a calentar.
4. Agrega la crema, salpimienta y sirve.

Albóndigas de pavo con salsa de tomate baja en azúcar

Ingredientes:

- 500 g de carne molida de pavo
- 1 huevo
- 1/2 taza de pan rallado
- 2 dientes de ajo picados
- Sal, pimienta y especias (orégano, comino)
- Salsa de tomate natural baja en azúcar

Preparación:

1. Mezcla pavo, huevo, pan rallado, ajo y especias. Forma albóndigas.
2. Cocina en sartén hasta dorar.
3. Añade salsa de tomate y cocina a fuego bajo 15 minutos.
4. Sirve con pasta o arroz.

Ensalada de camarones con aguacate

Ingredientes:

- 300 g de camarones cocidos
- 1 aguacate en cubos
- Jugo de 1 limón
- 1/4 cebolla morada picada
- Cilantro fresco picado
- Sal y pimienta

Preparación:

1. Mezcla camarones, aguacate, cebolla y cilantro.
2. Añade jugo de limón, sal y pimienta.
3. Sirve fría.

Pollo al ajillo con judías verdes

Ingredientes:

- 500 g de pechuga de pollo en trozos
- 4 dientes de ajo picados
- 300 g de judías verdes limpias
- Aceite de oliva
- Sal y pimienta

Preparación:

1. Sofríe ajo en aceite hasta dorar.
2. Añade el pollo y cocina hasta que esté dorado.
3. Cocina las judías verdes al vapor o salteadas.
4. Sirve el pollo con las judías.

Hamburguesas sin pan con ensalada

Ingredientes:

- 500 g de carne molida (res, pavo o mezcla)
- Sal, pimienta y especias al gusto
- Lechuga para envolver
- Tomate, cebolla y pepinillos para acompañar
- Mostaza o mayonesa (opcional)

Preparación:

1. Forma las hamburguesas y cocina a la plancha o sartén.
2. Envuelve cada hamburguesa con hojas de lechuga.
3. Añade tomate, cebolla, pepinillos y salsa al gusto.

Guacamole con bastones de apio

Ingredientes:

- 2 aguacates maduros
- Jugo de 1 limón
- Sal y pimienta
- Bastones de apio para acompañar

Preparación:

1. Machaca los aguacates con jugo de limón, sal y pimienta.
2. Sirve con bastones de apio para dippear.

Ensalada de col rizada con nueces y queso de cabra

Ingredientes:

- 2 tazas de col rizada (kale) picada
- 1/4 taza de nueces tostadas
- 100 g de queso de cabra desmenuzado
- Jugo de limón
- Aceite de oliva
- Sal y pimienta

Preparación:

1. Masajea la col rizada con un poco de aceite y sal para suavizarla.
2. Añade nueces, queso, jugo de limón, sal y pimienta.
3. Mezcla bien y sirve.

Salmón a la plancha con puré de coliflor

Ingredientes:

- 2 filetes de salmón
- Sal, pimienta y limón
- 1 cabeza de coliflor
- 2 cucharadas de mantequilla o aceite de oliva
- Sal y pimienta al puré

Preparación:

1. Cocina la coliflor al vapor hasta que esté blanda.
2. Licúa o tritura con mantequilla, sal y pimienta para hacer puré.
3. Sazona el salmón y cocina a la plancha hasta dorar.
4. Sirve el salmón sobre el puré de coliflor.

Tortilla española sin patata, con calabacín

Ingredientes:

- 4 huevos
- 2 calabacines medianos rallados
- 1 cebolla pequeña picada
- Sal y pimienta
- Aceite de oliva

Preparación:

1. Sofríe la cebolla en aceite hasta que esté transparente.
2. Añade el calabacín rallado y cocina hasta que suelte su agua y esté tierno.
3. Bate los huevos con sal y pimienta.
4. Mezcla el calabacín con los huevos y vierte todo en la sartén.
5. Cocina a fuego medio-bajo hasta que cuaje por un lado, luego da la vuelta para cocinar el otro.

Pechuga de pollo rellena de espinacas y queso

Ingredientes:

- 2 pechugas de pollo
- 100 g de espinacas frescas
- 100 g de queso (puede ser queso crema, mozzarella o ricotta)
- Sal y pimienta
- Aceite de oliva

Preparación:

1. Saltea las espinacas hasta que se marchiten.
2. Abre las pechugas para hacer un bolsillo.
3. Rellena con las espinacas y queso.
4. Sazona con sal y pimienta.
5. Cocina en sartén con aceite hasta que estén doradas y bien cocidas.

Sopa miso con tofu y algas

Ingredientes:

- 4 tazas de caldo dashi o caldo de verduras
- 3 cucharadas de pasta miso
- 100 g de tofu firme en cubos
- 1 puñado de algas wakame hidratadas
- Cebolla de verdeo picada (opcional)

Preparación:

1. Calienta el caldo sin que hierva.
2. Disuelve la pasta miso en un poco de caldo y agrégala al caldo principal.
3. Añade el tofu y las algas, calienta unos minutos sin hervir.
4. Sirve con cebolla de verdeo.

Ensalada de huevo con espárragos

Ingredientes:

- 4 huevos cocidos
- 200 g de espárragos cocidos y cortados
- Mayonesa o yogur natural
- Sal y pimienta

Preparación:

1. Pica los huevos y mezcla con los espárragos.
2. Añade mayonesa o yogur, sal y pimienta.
3. Mezcla bien y sirve fría.

Camarones al ajillo con ensalada verde

Ingredientes:

- 300 g de camarones pelados
- 4 dientes de ajo laminados
- Aceite de oliva
- Sal, pimienta y perejil picado
- Lechuga, rúcula u otra mezcla de hojas verdes para la ensalada

Preparación:

1. Sofríe el ajo en aceite hasta dorar ligeramente.
2. Añade los camarones, salpimienta y cocina hasta que estén rosados.
3. Sirve con ensalada verde aderezada al gusto.

Rollitos de jamón serrano con queso crema

Ingredientes:

- Lonjas de jamón serrano
- Queso crema
- Opcional: hojas de rúcula o espárragos finos

Preparación:

1. Unta queso crema en cada lonja de jamón.
2. Coloca rúcula o espárragos y enrolla.
3. Sirve frío como aperitivo.

Ensalada de pepino y eneldo con yogur griego

Ingredientes:

- 1 pepino cortado en rodajas finas
- 1/2 taza de yogur griego
- Eneldo fresco picado
- Jugo de limón
- Sal y pimienta

Preparación:

1. Mezcla el pepino con el yogur, eneldo, jugo de limón, sal y pimienta.
2. Refrigera antes de servir.

Pollo al horno con romero y limón

Ingredientes:

- 1 pollo entero o muslos de pollo
- 2 limones en rodajas
- 2-3 ramas de romero fresco
- Sal y pimienta
- Aceite de oliva

Preparación:

1. Precalienta el horno a 200 °C.
2. Coloca el pollo en una bandeja, sazona con sal, pimienta, romero y rodajas de limón.
3. Rocía con aceite de oliva.
4. Hornea 40-50 minutos hasta que esté dorado y cocido.

Pimientos rellenos de carne y verduras

Ingredientes:

- 4 pimientos grandes (rojos, verdes o amarillos)
- 300 g de carne molida (res o mezcla)
- 1 cebolla picada
- 1 zanahoria rallada
- 1 diente de ajo picado
- 1 tomate picado
- Sal, pimienta y especias al gusto
- Aceite de oliva

Preparación:

1. Corta la parte superior de los pimientos y quita las semillas.
2. Sofríe cebolla, ajo, zanahoria y carne hasta que esté cocida. Añade tomate y condimenta.
3. Rellena los pimientos con la mezcla.
4. Hornea a 180 °C por 30-40 minutos.

Salteado de ternera con brócoli

Ingredientes:

- 400 g de filete de ternera en tiras
- 1 cabeza de brócoli en floretes
- 2 dientes de ajo picados
- 2 cucharadas de salsa de soja
- Aceite de sésamo o de oliva
- Sal y pimienta

Preparación:

1. Saltea el ajo en aceite, añade la ternera y cocina hasta dorar.
2. Agrega el brócoli y saltea hasta que esté tierno-crujiente.
3. Incorpora salsa de soja, salpimienta y cocina un minuto más.
4. Sirve caliente.

Ensalada César sin crutones

Ingredientes:

- Lechuga romana picada
- Queso parmesano rallado
- Aderezo César (puedes hacerlo con yogur, ajo, mostaza, anchoas, limón, aceite y queso parmesano)
- Sal y pimienta

Preparación:

1. Mezcla la lechuga con el aderezo César.
2. Añade queso parmesano y mezcla bien.
3. Sirve inmediatamente.

Omelette de queso de cabra y tomate seco

Ingredientes:

- 3 huevos
- 50 g de queso de cabra desmenuzado
- 4-5 tomates secos picados
- Sal y pimienta
- Aceite o mantequilla

Preparación:

1. Bate los huevos con sal y pimienta.
2. Calienta la sartén con aceite, vierte los huevos.
3. Añade el queso y tomates secos en un lado.
4. Dobla el omelette y cocina hasta que esté listo.

Sopa fría de aguacate y pepino

Ingredientes:

- 1 aguacate maduro
- 1 pepino pelado y picado
- 1 taza de yogur natural o griego
- Jugo de 1 limón
- Sal y pimienta
- Agua fría o caldo de verduras (opcional para ajustar textura)

Preparación:

1. Licúa todos los ingredientes hasta obtener una mezcla suave.
2. Refrigera por al menos 1 hora.
3. Sirve fría, puede decorar con hierbas frescas.

Albóndigas de carne con espaguetis de calabacín

Ingredientes:

- 400 g de carne molida
- 1 huevo
- 1/4 taza de pan rallado
- 1 diente de ajo picado
- Sal, pimienta y especias
- 2 calabacines en espiral (espaguetis)
- Salsa de tomate natural

Preparación:

1. Mezcla carne, huevo, pan rallado, ajo y especias. Forma albóndigas.
2. Cocina las albóndigas en sartén hasta dorar.
3. Saltea los espaguetis de calabacín brevemente.
4. Sirve albóndigas con salsa y espaguetis.

Ensalada de rúcula, pera y nueces

Ingredientes:

- 2 tazas de rúcula
- 1 pera cortada en láminas
- 1/4 taza de nueces tostadas
- Queso azul o feta (opcional)
- Aceite de oliva
- Vinagre balsámico
- Sal y pimienta

Preparación:

1. Mezcla rúcula, pera, nueces y queso.
2. Aliña con aceite, vinagre, sal y pimienta.
3. Sirve fresca.

Filete de pescado con salsa de mantequilla y limón

Ingredientes:

- 2 filetes de pescado blanco (merluza, tilapia, etc.)
- 50 g de mantequilla
- Jugo de 1 limón
- Sal y pimienta
- Perejil picado

Preparación:

1. Sazona el pescado y cocina a la plancha.
2. Derrite la mantequilla, añade jugo de limón y perejil.
3. Sirve el pescado con la salsa por encima.

Ensalada de coliflor al curry

Ingredientes:

- 1 cabeza de coliflor en floretes pequeños
- 2 cucharaditas de curry en polvo
- 1/4 taza de yogur natural o mayonesa
- Jugo de 1 limón
- Sal y pimienta
- Cilantro picado (opcional)

Preparación:

1. Cocina la coliflor al vapor o hierve hasta que esté tierna.
2. Mezcla yogur, curry, jugo de limón, sal y pimienta.
3. Añade la coliflor y mezcla bien.
4. Decora con cilantro si deseas.

Pollo tikka masala bajo en carbohidratos

Ingredientes:

- 500 g de pechuga de pollo en cubos
- 1 taza de yogur natural sin azúcar
- 2 cucharadas de pasta tikka masala
- 1 cebolla picada
- 2 dientes de ajo picados
- 1 lata de tomates triturados (sin azúcar)
- 100 ml de crema de coco o crema para cocinar
- Aceite de oliva
- Sal y pimienta
- Cilantro fresco para decorar

Preparación:

1. Marina el pollo en yogur y pasta tikka masala por al menos 30 minutos.
2. Sofríe la cebolla y ajo en aceite hasta transparentar.
3. Añade el pollo con la marinada y cocina hasta dorar.
4. Incorpora los tomates triturados y cocina a fuego lento 15 minutos.
5. Agrega la crema, ajusta sal y pimienta, cocina 5 minutos más.
6. Decora con cilantro fresco y sirve.

Huevos pochados sobre espinacas salteadas

Ingredientes:

- 4 huevos
- 200 g de espinacas frescas
- 1 diente de ajo picado
- Aceite de oliva
- Sal y pimienta
- Vinagre para pochar huevos (opcional)

Preparación:

1. Saltea el ajo en aceite, añade las espinacas y cocina hasta que se marchiten. Salpimienta.
2. En una olla con agua hirviendo y un chorrito de vinagre, pocha los huevos (3-4 minutos).
3. Sirve los huevos sobre las espinacas salteadas.

Ensalada de remolacha y queso azul

Ingredientes:

- 2 remolachas cocidas y cortadas en cubos
- 100 g de queso azul desmenuzado
- 1 puñado de nueces
- Rúcula o mezcla de hojas verdes
- Aceite de oliva
- Vinagre balsámico
- Sal y pimienta

Preparación:

1. Mezcla remolacha, queso azul, nueces y hojas verdes.
2. Aliña con aceite, vinagre, sal y pimienta.
3. Sirve fresca.

Crema de champiñones baja en carbohidratos

Ingredientes:

- 500 g de champiñones frescos picados
- 1 cebolla pequeña picada
- 2 dientes de ajo picados
- 500 ml de caldo de verduras o pollo
- 100 ml de crema para cocinar
- Aceite de oliva
- Sal y pimienta
- Perejil picado para decorar

Preparación:

1. Sofríe cebolla, ajo y champiñones en aceite hasta que estén tiernos.
2. Añade caldo y cocina 10 minutos.
3. Licúa la mezcla hasta obtener una crema suave.
4. Incorpora la crema, ajusta sal y pimienta.
5. Calienta un poco más y sirve con perejil.

Rollos de berenjena con ricotta y espinacas

Ingredientes:

- 2 berenjenas cortadas en láminas finas
- 200 g de espinacas frescas
- 150 g de queso ricotta
- 1 diente de ajo picado
- Aceite de oliva
- Sal y pimienta
- Salsa de tomate baja en carbohidratos (opcional)

Preparación:

1. Asa las láminas de berenjena con un poco de aceite hasta que estén flexibles.
2. Saltea el ajo y las espinacas hasta que se marchiten.
3. Mezcla las espinacas con la ricotta, salpimienta.
4. Coloca una cucharada de la mezcla en cada lámina de berenjena y enrolla.
5. Sirve con salsa de tomate si deseas.

www.ingramcontent.com/pod-product-compliance
Lightning Source LLC
LaVergne TN
LVHW081328060526
838201LV00055B/2513